AO REDOR DA PALAVRA

Pe. FERDINANDO MANCILIO, C.Ss.R.

AO REDOR DA PALAVRA

Roteiro para reuniões mensais de grupos eclesiais

DIREÇÃO EDITORIAL:	Pe. Fábio E. Resende Silva, C.Ss.R.
CONSELHO EDITORIAL:	Ferdinando Mancilio, C.Ss.R.
	Marlos Aurélio, C.Ss.R.
	Ronaldo S. de Pádua, C.Ss.R.
	Mauro Vilela, C.Ss.R.
	Victor Hugo Lapenta, C.Ss.R.
COORDENAÇÃO EDITORIAL:	Ana Lúcia de Castro Leite
COPIDESQUE:	Luana Galvão
REVISÃO:	Bruna Vieira da Silva
	Denis Faria
DIAGRAMAÇÃO:	Mauricio Pereira
CAPA:	Tiago Mariano

ISBN 978-85-369-0536-5

1ª impressão

Rua Pe. Claro Monteiro, 342 – 12570-000 – Aparecida-SP
Tel.: 12 3104-2000 – Televendas: 0800 - 16 00 04
www.editorasantuario.com.br
vendas@editorasantuario.com.br

APRESENTAÇÃO

Este subsídio deseja ser um instrumento de ajuda aos grupos que se reúnem em torno da Palavra do Senhor. Por isso seu nome: "Ao redor da Palavra". Este roteiro traz doze reflexões, aliadas ao mês que se está vivendo e o que nele se costuma refletir. Por exemplo: setembro, a Palavra de Deus; dezembro, o mistério da encarnação, e assim sucessivamente. Pensou-se em uma reflexão por mês, que poderá ser repetida no mesmo grupo ou em outro grupo.

Sabemos que, diante de tantas preocupações que a vida vai nos impondo, nem sempre há tempo suficiente para o coordenador preparar as reflexões. Nosso desejo é que este roteiro seja facilitador do trabalho missionário dos abnegados coordenadores de grupos em nossas comunidades e paróquias.

Procurou-se, neste subsídio, seguir um modo próprio que ajude a reflexão pessoal, mas também grupal, permeando entre momento de silêncio individual e momento comum.

Certamente, Deus continua agindo no meio de seu povo, principalmente no coração daqueles que se abrem a sua graça e bondade; e a Palavra do Senhor continua a responder às perguntas dos homens e das mulheres de nosso tempo.

ENCONTROS

Encontro	Mês	Tema
1º	Jan	O amor divino fez o céu e a terra!
2º	Fev	O não e o sim da humanidade!
3º	Mar	O homem e a mulher são imagem e semelhança de Deus!
4º	Abr	Deus liberta seu povo escravizado no Egito!
5º	Mai	Deus é fiel a sua aliança de amor!
6º	Jun	As bem-aventuranças em nosso tempo e em nossa história!
7º	Jul	Os profetas chamados por Deus para uma missão!
8º	Ago	Deus nos chama para caminhar com Ele. A vocação de Abraão!
9º	Set	A Palavra revela-nos a obra de Deus!
10º	Out	Deus escuta o clamor de seu povo!
11º	Nov	Somos Igreja peregrina!
12º	Dez	Jesus, aliança eterna de amor do Pai!

ESQUEMA GERAL PARA TODAS AS REUNIÕES

Apresentação do tema
1. Cântico *(à escolha)*
2. Na presença do Senhor
3. Nosso louvor ao Deus da vida
4. Lição da Bíblia
5. Iluminação
6. Contemplação
7. O que diz o texto bíblico para mim?
8. Suplicando ao Senhor
9. Ação/ Propósito
10. Invocação mariana e bênção
11. Cântico *(à escolha)*

Encontro (janeiro)
O amor divino fez o céu e a terra!

(No lugar definido, coloque a Bíblia, uma vela acesa, uma jarra com água, um pouco de terra, uma pequena planta para lembrar a criação de Deus: Ele fez todas as coisas que existem!)

1. Cântico *(à escolha)*

2. Na presença do senhor

– Em nome do Pai † e do Filho e do Espírito Santo.

– Amém!

– Senhor, vós sois nossa vida e nossa paz. Vós nos criastes por amor, e no amor sustentais nossa vida. O universo inteiro é obra de vossas mãos.

– Senhor, iluminai-nos com vossa luz divina!

– Enviai-nos vosso Espírito Santo, inundai nossa existência com vosso amor e fazei-nos transbordar de misericórdia, de alegria e de paz.

– Senhor, fazei-nos servidores de vosso Reino e fiéis a vosso amor!

– Tocai em nossa consciência, para que trilhemos sem cessar o caminho do Reino, e dai-nos a sensibilidade necessária para sentir e viver a dor e a esperança de nossos semelhantes.

– Amém. Assim seja!

3. Nosso louvor ao Deus da vida

– Celebremos a certeza do amor de nosso Deus, que tudo criou e transformou ao toque de sua palavra e de sua mão. Bendito seja o Senhor, nosso Deus Criador.

– Cantem os céus, cantem a terra louvores ao Deus-Criador, Deus-Amor!

– A vós, Senhor, que sois a luz, que nos ilumina, nosso louvor, nosso amor. Guiai nossa humanidade no caminho da paz e da vida. Benditas sejam as pessoas que trabalham para o bem.

– Bendita seja a vida, benditos sejam os que a respeitam e a defendem!

– A vós, Senhor, que sois presença amorosa sem-fim, nosso louvor e nossa gratidão. Quando nossos caminhos nos afadigam, em vós reencontramos o alento, a vida e a paz.

– Bendito seja Deus, nosso Pai, nosso alento, nosso refúgio, nossa vida e nossa paz!

– Senhor, que criastes o céu, a terra e o mar, os pássaros e as aves do céu, os peixes e todos os animais, e a tudo destes a vida, nós vos louvamos com toda a força de nossa alma.

– Nós vos louvamos, Senhor, nós vos bendizemos e vos amamos!

– Glória ao Pai, ao Filho e ao Espírito Santo.

– Como era no princípio, agora e sempre. Amém.

4. Lição da Bíblia *(Gn 1,1-25)*

Leitura do livro do Gênesis.

"No princípio Deus criou o céu e a terra. A terra estava sem forma e vazia, as trevas cobriam o abismo e um vento impetuoso soprava sobre as águas. Deus disse: "Que exista a luz!" E a luz começou a existir. Deus viu que a luz era boa... Deus disse: "Que exista um firmamento no meio das águas para separar águas de águas!" Deus fez o firmamento... Deus disse: "Que as águas que estão debaixo do céu se ajuntem num só lugar, e apareça o chão seco". E assim se fez... Deus disse: "Que a terra produza relva, ervas que produzam semente, e árvores que deem frutos sobre a terra, frutos que contenham semente, cada uma segundo sua espécie". E assim se fez... Deus disse: "Que existam luzeiros no firmamento do céu para separar o dia da noite e para marcar festas, dias e anos, e sirvam de luzeiros no firmamento do céu para iluminar a terra!". E assim se fez... Deus disse: "Que as águas fiquem cheias de seres vivos, e os pássaros voem sobre a terra, sob o firmamento do céu!"... E Deus viu que era bom... Deus disse: "Que a terra produza seres vivos conforme a espécie de cada um: animais domésticos, répteis e feras, cada um conforme sua espécie!". E assim se fez..."

– Palavra do Senhor!

(Após a proclamação da Palavra, pode-se cantar um cântico à escolha)

5. Iluminação

A natureza tem muito a ver com a vida cristã. Ela deve ser usada para a vida neste mundo, mas também deve ser respeitada. Se não amamos aquilo que Deus fez, com certeza não o amamos também. Nos últimos tempos, tem-se debatido bastante sobre a Natureza. Todos concordamos com sua importância. Mas, será que fazemos o que devemos fazer? Amemos o que Deus criou com tanto carinho e façamos nossa parte de cuidar das coisas por Ele criadas. Assim, amaremos um pouco mais nosso Senhor.

6. Contemplação

O que a Palavra diz a nossa realidade de vida pessoal, social e comunitária?

(Procurem permanecer em silêncio um bom tempo, para que cada um possa meditar a Palavra de Deus ouvida)

7. O que diz o texto bíblico para mim?

(As pessoas poderão se manifestar no grupo)

a) Você acha importante amar e cuidar da natureza? Por quê?

b) O que você pode e irá fazer em favor da natureza?

8. Suplicando ao Senhor

–Vamos agora rezar, pois assim entramos na intimidade do Senhor e alcançamos sua graça e bondade.

1. NÓS vos agradecemos, Senhor, a natureza criada por vós, que é vida. Tocai em nosso coração para bem cuidarmos de tudo o que vós criastes.

– Deus-Criador, escutai nosso clamor!

2. NÓS vos agradecemos, Senhor, todas as pessoas que labutam em favor da natureza. Despertai-nos para sermos solidários com elas.

3. NÓS vos agradecemos, Senhor, nossos olhos, que podem ver a obra de vossa criação. Fazei-nos descobrir na natureza e no ser humano a grandeza de vosso amor.

4. NÓS vos louvamos, Senhor, desde o átomo, que não vemos com nossos olhos, até as galáxias mais distantes de nós, pois em tudo sabemos que estão vossas mãos divinas e criadora

(Outras intenções)
– ***Pai nosso, que estais no céu...***

9. Ação/ Propósito

Como vamos viver a Palavra?

Como é bonito recordar a beleza da natureza, que foi criada por Deus e que, mesmo diante das feridas que nela fizemos, continua a ser generosa para conosco. Por isso, nós vamos tomar consciência da grandeza da criação divina, amá-la, respeitá-la e promovê-la. Vamos também nos lembrar de quem está perto de nós, do cuidado e do amor, que devemos ter para com ela.

10. Invocação mariana e bênção

– Maria, vós que sois a Mãe bendita de nosso Redentor, nós vos saudamos com todo o nosso amor e gratidão. Estendei sobre nós vossas mãos maternas e guiai-nos no caminho que nos conduz a Jesus. Com todo o nosso amor, saudamo-vos:

– Salve, Rainha, Mãe de misericórdia, vida, doçura, esperança nossa salve...

– O Senhor, por intercessão de Maria, a Mãe de Jesus, derrame sobre nós sua bênção:

– Em nome do Pai † e do Filho e do Espírito Santo. Amém.

– Contemplemos a grandeza da natureza, a beleza criada por Deus. Contemplemos a vida que o Pai concedeu a nós e permaneçamos em seu amor. Vamos em paz.

– Graças a Deus.

11. Cântico *(à escolha)*

2º

Encontro (fevereiro)
O não e o sim da humanidade!

(Além da Bíblia e da vela acesa, coloque sobre uma mesinha ramos verdes e ramos secos, lembrando o Jardim do Éden, e o sim e o não da humanidade! A Bíblia lembra sempre a Aliança de Deus conosco, por meio de seu Filho Jesus; a vela nos lembra o Cristo ressuscitado!)

1. Cântico *(à escolha)*

2. Na presença do Senhor

– Em nome do Pai † e do Filho e do Espírito Santo.

– Amém!

– Senhor, como a luz do novo amanhecer, infundi em nosso ser a luz de vosso amor.

– E guiai-nos no caminho de vosso Reino!

– Enchei de paz nosso coração e conduzi-nos à verdade de vosso Filho Jesus.

– Fortalecei-nos na alegria de viver vosso amor e de nos reunir em vossa Palavra!

– Vosso Espírito Santo torne profunda e fecunda nossa vida e nos santifique.

– Amém. Assim seja!

3. Nosso louvor ao Deus da vida

– Celebremos o Senhor, que não se cansa de nos oferecer seu amor, mesmo diante da negativa de muitos homens e mulheres.

– Aclamemos o Senhor, Deus de eterno amor, que se põe sem cessar a nosso lado!

– Nós vos louvamos, Senhor, pois, apesar de nossas imensas fraquezas, reconhecemos vosso amor sem medida por nós.

– Bendito seja o Senhor, que, por amor, fez a eternidade penetrar nossa humanidade, por meio de Jesus!

– Nós vos bendizemos pelas pessoas que se empenham na defesa da vida, da verdade, da ética e da esperança.

– Louvado seja o Senhor, Deus da vida. Que toda a terra o adore com respeito!

– Nós vos bendizemos, Senhor, pelos incontáveis benefícios de vossa graça misericordiosa.

– Bendito seja o Senhor, nosso Deus, que não rejeita nossa oração nem nos afasta de seu amor!

– Glória ao Pai, ao Filho e ao Espírito Santo.

– Como era no princípio, agora e sempre. Amém.

4. Lição da Bíblia *(Lc 10,21-24)*

Anúncio do Evangelho de Jesus Cristo segundo Lucas.

Nessa hora, Jesus se alegrou no Espírito Santo e disse: "Eu vos louvo, Pai, Senhor do céu e da terra, porque escondestes essas coisas aos sábios e inteligentes, e as revelastes aos pequeninos. Sim, Pai, porque assim foi do vosso agrado. Meu Pai entregou tudo a mim. Ninguém conhece quem é o Filho, a não ser o Pai, e ninguém conhece quem é o Pai, a não ser o Filho e aquele a quem o Filho o quiser revelar". E Jesus voltou-se para os discípulos e lhes disse em particular: "Felizes os olhos que veem o que vocês veem. Pois eu digo a vocês que muitos profetas quiseram ver o que vocês estão vendo, e não puderam ver; quiseram ouvir o que vocês estão ouvindo, e não puderam ouvir".

– Palavra da Salvação!

(Após proclamação da Palavra, pode-se cantar um cântico à escolha)

5. Iluminação

Deus colocou Adão e Eva no Jardim do Éden, para que fossem felizes. Mas eles disseram não, quando deveriam ter dito sim. Disseram sim, quando deveriam ter dito não. Pensemos agora em nós, na revelação divina. Deus se revela nos simples. Deus não aprova o orgulho nem os orgulhosos. Quem se relaciona bem com Deus se relaciona bem com o irmão, com a irmã. Foi isso que Jesus nos ensinou e também viveu. Ele foi ao encontro dos humildes, dos simples, dos marginalizados.

6. Contemplação

O que a Palavra diz a nossa realidade de vida pessoal, social e comunitária?

(Procurem permanecer em silêncio um bom tempo, para que cada um possa meditar a Palavra de Deus ouvida)

7. O que diz o texto bíblico para mim?

(As pessoas poderão se manifestar no grupo)

a) Será que é importante a vivência humilde e simples em nossos dias?

b) Quem, em nossa Comunidade, dá-nos esse exemplo de humildade e simplicidade?

8. Suplicando ao Senhor

– Confiantes, vamos suplicar ao Senhor, pois, mesmo conhecendo nossas necessidades, espera que as manifestemos confiantes.

1. FORTALECEI a Igreja em sua missão e inspirai-lhe atitudes favoráveis ao anúncio do Reino.

– Senhor Deus, confirmai-nos em vosso amor!

2. GUIAI nossa Comunidade no caminho de Cristo e que ela seja fraterna, humilde e servidora.

3. OLHAI com bondade para nossas famílias e dai-lhes o alento de vossa bondade e misericórdia.

4. DERRAMAI sobre nós vossa bênção e vossa paz, vossa luz e vossa verdade.

(Outras intenções)

– Pai nosso, que estais no céu...

9. Ação/ Propósito

Como vamos viver a Palavra?

Faremos o esforço necessário para viver com humildade, acolhendo as pessoas e a nós mesmos. Estaremos atentos às necessidades dos irmãos e das irmãs e procuraremos ajudá-los. Jesus será sempre a inspiração para nossas atitudes.

10. Invocação mariana e bênção

– Maria, vós fostes a criatura humilde e simples, acolhedora e fiel. Vós nos ensinais que, diante de Deus, devemos todos ser simples e humildes. Agradecidos por vosso amor e vosso exemplo, nós vos saudamos:

– Salve, Rainha, Mãe de misericórdia, vida, doçura, esperança nossa, salve...

– O Senhor, por intercessão de Maria, a Mãe de Jesus, derrame sobre nós sua bênção:

– Em nome do Pai † e do Filho e do Espírito Santo. Amém.

– A Palavra do Senhor nos ilumine, e assim caminhemos pela vida afora cheios de esperança e de paz.

– Graças a Deus.

11. Cântico *(à escolha)*

Encontro (março)
O homem e a mulher são imagem e semelhança de Deus!

(Sobre a mesinha ou no lugar definido, coloca-se a Bíblia e uma vela acesa, também a imagem de Nossa Senhora e um crucifixo, pois é Jesus o modelo de vida e exemplo de ser humano que devemos seguir!)

1. Cântico *(à escolha)*

2. Na presença do Senhor

– Em nome do Pai † e do Filho e do Espírito Santo.

– Amém!

– Vinde, Espírito Santo, enchei o coração de cada um de nós com a plenitude de vosso amor.

– E sejamos transformados!

– Vinde, Espírito Consolador, para que sejamos sempre consolados por vossa presença.

– E sejamos fiéis ao Senhor!

– Vinde, Espírito de Deus, e transformai a dor, o pranto e o choro em paz, alento e ardor.

– Deus de bondade, olhai para nós com vosso olhar misericordioso, e, inspirados em vossa bondade, sejamos testemunhas vivas de vosso Reino.

– E sejamos sinais de seu amor! Amém. Assim seja!

3. Nosso louvor ao Deus da vida

– Ó Deus de bondade, a vós nosso louvor e gratidão. Vós sois a esperança de um povo, que luta e se esforça em nosso mundo hostil pelos mais pobres e abandonados.

– Feliz quem busca em vós a segurança. Feliz quem encontra em vós refúgio!

– A vós, Senhor, nosso louvor, pois nos surpreendeis com vosso amor sempre. Quando tudo parece ter chegado ao fim, então vós apareceis e abris portas de par em par.

– Vós estais mais próximo de nós, do que nós de nós mesmos!

– A vós, Senhor, nosso louvor, pois sois o sol verdadeiro, que nos ilumina, e jamais deixais as trevas permanecerem em nós.

– E nós seremos também uma luz no mundo, pois assim nos ensinou Jesus!

– Por amor, vós nos fizestes a vossa imagem e semelhança. Com que grandeza vós nos criastes, Senhor! Sentimos, em cada dia, a imensidão de vosso amor. Nós vos louvamos e vos bendizemos.

– A vós toda honra e toda glória, agora e pelos séculos sem-fim!

– Glória ao Pai, ao Filho e ao Espírito Santo.

– Como era no princípio, agora e sempre. Amém.

4. Lição da Bíblia *(Gn 1,26-31)*

Leitura do livro do Gênesis.

Deus disse: "Façamos o homem a nossa imagem e semelhança. Que ele domine os peixes do mar, as aves do céu, os animais domésticos, todas as feras e todos os répteis que rastejam sobre a terra". E Deus criou o homem a sua imagem, à imagem de Deus ele o criou, e os criou homem e mulher. E Deus os abençoou e lhes disse: "Sejam fecundos, multipliquem-se, encham e submetam a terra, dominem os peixes do mar, as aves do céu e todos os seres vivos que rastejam sobre a terra". E Deus disse: "Vejam! Eu entrego a vocês todas as ervas que produzem semente e estão sobre toda a terra, e todas as árvores em que há frutos que dão semente: tudo isso será alimento para vocês. E para todas as feras, para todas as aves do céu e para todos os seres que rastejam sobre a terra e nos quais há respiração de vida, eu dou a relva como alimento". E assim se fez. E Deus viu tudo o que havia feito, e tudo era muito bom.

– Palavra do Senhor!

(Após proclamação da Palavra, pode-se cantar um cântico à escolha)

5. Iluminação

De todas as criaturas criadas por Deus, somos sua obra principal, porque fomos feitos em seu amor e podemos amá-lo. Deus fez tudo com muito amor, mas ao homem e à mulher fez a sua imagem e semelhança. Há uma grandeza em cada ser humano, mas cada um de nós precisa descobrir-se como filho ou filha de Deus. É nossa vocação filial que precisamos redescobrir em nós mesmos e entre nós. Viver na dignidade em que fomos criados é o que devemos fazer em cada dia de nossa vida.

6. Contemplação

O que a Palavra diz a nossa realidade de vida pessoal, social e comunitária?

(Procurem permanecer em silêncio um bom tempo, para que cada um possa meditar a Palavra de Deus ouvida)

7. O que diz o texto bíblico para mim?

(As pessoas poderão se manifestar no grupo)

a) Como responder a nossa vocação humana no mundo em que vivemos?

b) Será que há algum desrespeito para com as pessoas em nosso bairro, em nossa Comunidade?

8. Suplicando ao Senhor

– Ao Deus da vida, que nos criou com amor a sua imagem e semelhança, elevemos nossos rogos.

1. OLHAI com bondade para nossa humanidade e conservai-a no caminho de Jesus.

– Derramai sobre nós, Senhor, vosso amor, vossa paz!

2. TRANSBORDAI de amor e de vida as crianças e os jovens, os casais e as famílias e nossa Comunidade.

3. AJUDAI-NOS a resgatar a dignidade dos que estão feridos por causa da ganância e das injustiças.

4. FORTALECEI-NOS na união e na vida de amor a vós e a nossos irmãos e irmãs.

(Outras intenções)

– **Pai Nosso, que estais no céu...**

9. Ação/ Propósito

Como vamos viver a Palavra?

Somos frutos do amor de Deus. Por isso, procuraremos

viver em harmonia conosco e com os outros, respeitar cada pessoa que de nós se aproximar, como imagem e semelhança de Deus, porque fomos criados no amor, com o qual devemos conviver e no qual devemos viver.

10. Invocação mariana e bênção

– Maria, Mãe amável, Mãe querida, vós que fostes a filha escolhida pelo Pai, ficai ao lado da humanidade e de cada um de nós, pois junto de vós é certa nossa segurança e nossa paz. Fortalecei-nos no amor de Cristo, vosso Filho, e fazei-nos aprender seu ensinamento em cada dia.

– Salve, Rainha, Mãe de misericórdia, vida, doçura, esperança nossa, salve...

– O Senhor, por intercessão de Maria, a Mãe de Jesus, derrame sobre nós sua bênção:

– Em nome do Pai † e do Filho e do Espírito Santo. Amém.

– Fortalecidos pela Palavra que ouvimos e meditamos, e nos reconhecendo como amados do Pai, vamos em paz com Deus, com Nossa Senhora, e que eles nos acompanhem.

– Graças a Deus.

11. Cântico *(à escolha)*

Encontro (abril)

Deus liberta seu povo escravizado no Egito!

(Sobre a mesa ou lugar apropriado colocar a Bíblia e a vela acesa. No início do encontro, de modo breve, alguém poderia lembrar algum fato que mostre a conquista libertadora do povo. Mas, ao falar desse fato, não se devem ultrapassar 3 minutos!)

1. Cântico *(à escolha)*

2. Na presença do Senhor

– Em nome do Pai † e do Filho e do Espírito Santo.

– Amém!

– Vinde, ó Espírito de Deus, iluminai nossa existência e conservai-nos no caminho de Cristo. Nele depositamos nossa vida e esperamos a salvação.

– Vinde Espírito Santo e inflamai-nos no amor, na esperança e na caridade!

– Inspirai-nos, ó Senhor, por vosso Espírito Santo, e seja nossa vida sinal vivo e transparente de vosso Reino.

– Vinde Espírito Santo e firmai nossa vida e nossas atitudes cristãs na verdade de Cristo!

– Vossa presença fortaleça nosso encontro e nos faça compreender a Palavra da vida, que nos guia, firma-nos na fé e nos liberta.

– Amém. Assim seja!

3. Nosso louvor ao Deus da vida

– Montes e colinas, animais e todo ser vivente, árvores e plantas, rios e mares,

– louvem e bendigam ao Senhor, Deus da vida!

– Homens e mulheres, jovens e crianças, povos e nações erguei o coração jubiloso e bendizei ao Senhor,

– que nos criou por amor e nos libertou em sua misericórdia!

– Subam, do mais profundo da terra e de nosso coração, hosanas e hosanas, louvores sem-fim àquele, que estendeu seu braço poderoso e libertou seu povo.

– Hosanas e louvores ao Senhor, Deus de amor, que nos libertou!

– Glória ao Pai, ao Filho e ao Espírito Santo.

– Como era no princípio, agora e sempre. Amém.

4. Lição da Bíblia *(Êx 6,2-7)*

Leitura do livro do Êxodo.

Deus disse a Moisés: "Eu sou o Senhor. Apareci a Abraão, a Isaac e a Jacó, como o Deus todo-poderoso; mas não lhes dei a conhecer meu nome: 'Javé'. Com eles celebrei também minha aliança, para dar-lhes a terra de Canaã, a terra em que peregrinavam como estrangeiros. Ouvi também o gemido dos israelitas, oprimidos pelos egípcios, e lembrei-me de minha aliança. Dize, portanto, aos israelitas: 'Eu sou o Senhor. Vou libertar-vos do jugo dos egípcios e livrar-vos de sua escravidão. Eu vos resgatarei com braço estendido e com grandes julgamentos. Eu vos tomarei por meu povo e serei vosso Deus".

– Palavra do Senhor!

(Após proclamação da Palavra, pode-se cantar um cântico à escolha)

5. Iluminação

Da parte de Deus houve primeiro a Aliança de amor com seu povo. Prometeu-lhes a terra da liberdade, a terra de Canaã, terra prometida. Ele tirou a carga de cima do povo escravizado. Devolveu a liberdade aos escravizados e restabeleceu a justiça. Esse povo foi "adotado" por Deus: "Eu vos tomarei por meu povo e serei vosso Deus". O mesmo Deus, que enviou Moisés para libertar seu povo, está presente entre nós, agora com Jesus, que é a Aliança eterna de amor que o Pai fez conosco.

6. Contemplação

O que a Palavra diz a nossa realidade de vida pessoal, social e comunitária?

(Procurem permanecer em silêncio um bom tempo, para que cada um possa meditar a Palavra de Deus ouvida)

7. O que diz o texto bíblico para mim?

(As pessoas poderão se manifestar no grupo)

a) Será que Deus é a favor da liberdade, da libertação? Por quê?

b) Será que há escravidão ou desrespeito à dignidade do ser humano em nossa cidade (bairro, lugar)?

8. Suplicando ao Senhor

– Ao Deus da Vida elevemos confiantes nosso clamor. Assim como viu a opressão contra seu povo, Ele também escuta o que lhe apresentamos com fé.

1. GUIAI vossa Igreja nos caminhos da história de agora e fazei-a sinal vivo de vosso Reino.

– Deus libertador, escutai nosso clamor!

2. FORTALECEI nossa Comunidade na prática do bem, da caridade e da solidariedade.

3. FAZEI-NOS instrumentos de vosso Reino e geradores de vida e de paz no mundo.

4. VOLVEI vosso olhar misericordioso aos que estão oprimidos e escravizados no mundo.

(Outras intenções)

– **Pai Nosso, que estais no céu...**

9. Ação/ Propósito

Como vamos viver a Palavra?

Vamos nos esforçar para ajudar as pessoas que estão sofrendo por causa de tantas maldades no mundo. A elas estenderemos as mãos para ajudá-las a recuperar a dignidade do ser humano, e tomaremos consciência de tudo o que no mundo escraviza as pessoas e gera o pecado e a morte.

10. Invocação mariana e bênção

– Maria, vós sois a Mãe do Libertador de toda a humanidade. Nele encontramos a verdadeira liberdade, a vida e a paz. Conservai-nos no caminho de vosso Filho. Humildemente vos amamos e vos saudamos:

– Salve, Rainha, Mãe de misericórdia, vida, doçura, esperança nossa, salve...

– O Senhor, por intercessão de Maria, a Mãe de Jesus, derrame sobre nós sua bênção:

– Em nome do Pai † e do Filho e do Espírito Santo. Amém.

– O Senhor nos tem dado tanta força para viver. Continuemos unidos nele e sejamos fiéis a seu amor. Vamos todos em paz.

– Graças a Deus.

11. Cântico *(à escolha)*

Encontro (maio)
Deus é fiel a sua aliança de amor!

(Como as outras vezes, deixar sobre a mesa ou lugar apropriado a Bíblia e a vela acesa.

Também a imagem de Nossa Senhora, pois ela é a Mãe da nova e eterna Aliança, que é Jesus!)

1. Cântico *(à escolha)*

2. Na presença do Senhor

– Em nome do Pai † e do Filho e do Espírito Santo.

– Amém!

– Estamos reunidos, ó Pai, em Jesus, vosso Filho. Ele nos ensinou que estaria no meio de nós,

– quando estivéssemos reunidos em vosso Nome!

– Enviai-nos vosso Espírito Santo. Ele é vosso amor e vossa luz e nos conduz aos caminhos do Reino, da verdade, da justiça e da paz.

– Enviai-nos, Senhor, vosso Espírito Santo de amor!

– Amparai-nos com vossa misericórdia, pois, sem vosso auxílio e vossa luz, não saberemos para onde ir.

– Amém. Assim seja!

3. Nosso louvor ao Deus da vida

– Vamos louvar o Senhor, nosso Deus. Ele fez maravilhas em nós, pois depositou-nos seu amor. Bendito seja o Senhor,

– nosso Deus e Salvador. A Ele o louvor, agora e para sempre!

– Louvaremos o Senhor enquanto nós vivermos, pois só nele confiamos.

– Nosso Deus é o Senhor do céu, da terra e de toda criatura!

– Nossa esperança é o Senhor, que fez o céu e a terra. Ele faz justiça aos oprimidos, liberta os cativos e dá pão aos famintos.

– Nosso louvor e nossa gratidão ao Deus, que, de novo, faz o cego enxergar!

– Nosso canto e nossos hinos faremos subir aos céus e alcançar o coração divino de nosso Senhor,

– pois Ele tem os olhos fitos em cada um de nós!

– Glória ao Pai, ao Filho e ao Espírito Santo.

– Como era no princípio, agora e sempre. Amém.

4. Lição da Bíblia *(Mt 26,26-29)*

Anúncio do Evangelho de Jesus Cristo segundo Mateus.

Enquanto comiam, Jesus tomou um pão, pronunciou a bênção, partiu-o e deu-o aos discípulos, dizendo: "Tomai e comei, isto é meu corpo". Depois tomou um cálice, deu graças e passou-o a eles, dizendo: "Bebei dele todos, pois este é meu sangue, o sangue da aliança, que é derramado por muitos para a remissão dos pecados. Eu vos digo: não beberei mais deste fruto da videira, até o dia em que o beber convosco, de novo, no Reino de meu Pai".

– Palavra da Salvação!

(Após proclamação da Palavra, pode-se cantar um cântico à escolha)

5. Iluminação

Jesus é a Aliança eterna do Pai com a humanidade. O Verbo eterno, nascido de Maria, passou entre nós fazendo o bem e nos ensinou o jeito certo de viver a vida. Foi assim que o Pai quis cumprir a plenitude de sua promessa: Deu-nos seu único Filho, nascido de Maria, a Virgem escolhida para ser a Mãe do Redentor. A Eucaristia traz todos os dias a presença viva do Senhor entre nós. É nossa Páscoa. É sua Aliança de amor conosco.

6. Contemplação

O que a Palavra diz a nossa realidade de vida pessoal, social e comunitária?

(Procurem permanecer em silêncio um bom tempo, para que cada um possa meditar a Palavra de Deus ouvida)

7. O que diz o texto bíblico para mim?

(As pessoas poderão se manifestar no grupo)

a) O que significa dizer que Deus é fiel a sua Aliança? Qual é seu sentido para nós?

b) Como nós, vivendo em Comunidade, podemos viver essa Aliança divina?

8. Suplicando ao Senhor

– Nós vamos agora rezar apresentando ao Senhor nosso clamor. Em sua bondade, Ele virá em nosso auxílio.

1. OLHAI para vossa Igreja e fortalecei-a em sua missão de anunciar o Evangelho em nosso tempo.

– Deus de eterno amor, ouvi-nos!

2. AJUDAI-NOS a viver o ensinamento de Cristo, vosso Filho, e assim viver vossa Aliança conosco.

3. GUARDAI em vosso coração divino as crianças e os jovens, os casais e as famílias e nossa Comunidade.

4. DAI-NOS os mesmos sentimentos de Cristo e um coração aberto, acolhedor, solidário e servidor.

(Outras intenções)

– Pai Nosso, que estais no céu...

9. Ação/ Propósito

Como vamos viver a Palavra?

Nós vamos procurar estar sempre atentos às necessidades das pessoas e, sempre que puder, vamos ajudá-las. Assim estaremos vivendo o amor que Cristo nos ensinou. Viver no amor é viver na Aliança do Pai, que é Jesus, o Verbo eterno. Também procuraremos estar sempre presentes e participar com fervor em nossa Comunidade.

10. Invocação mariana e bênção

– Maria, vós sois a Mãe bendita e escolhida do Verbo eterno do Pai, que é Jesus. Vós sois nossa Mãe, pois assim foi o desejo de Cristo naquele dia, no alto da cruz, quando selou com sua entrega plena a Aliança do Pai com nossa humanidade. Por isso, nós vos agradecemos e vos saudamos:

– Salve Rainha, Mãe de misericórdia, vida, doçura, esperança nossa, salve...

– O Senhor, por intercessão de Maria, a Mãe de Jesus, derrame sobre nós sua bênção:

– Em nome do Pai † e do Filho e do Espírito Santo. Amém.

– Continuemos firmes na fé, fortes na esperança e ardorosos na caridade e na fraternidade. Vamos em paz.

– Graças a Deus.

11. Cântico *(à escolha)*

Encontro (junho)

As bem-aventuranças em nosso tempo e em nossa história!

(Também hoje coloque sobre a mesa ou lugar apropriado a Bíblia e a vela acesa. Escreva, em tiras de papel, cada bem-aventurança e distribua-a aos presentes)

1. Cântico *(à escolha)*

2. Na presença do Senhor

– Em nome do Pai † e do Filho e do Espírito Santo.

– Amém!

– Senhor Deus, no início de nosso encontro, entregamo-nos a vós. Colocamos em vossas mãos nossa vida e todo o nosso ser.

– Nós esperamos, Senhor, a salvação que nos vem somente de vós!

– Vós sois nosso refúgio, por isso não há o que temer. Nós nos confiamos a vós, ó Senhor, e sabemos que é em vós que temos a vida e a paz.

– Vinde Espírito Santo e inspirai nossas atitudes, palavras e nossos gestos!

– Abençoai nosso encontro e fazei-nos compreender as bem-aventuranças em nosso tempo e em nossa história de agora.

– Amém. Assim seja!

3. Nosso louvor ao Deus da vida

– Cantemos ao Senhor um cântico novo, nas ruas e praças, nos prédios e casebres, nos condomínios e nas favelas,

– pois seu amor não olha a raça ou a cor, nem a posição social, que nos traz divisão e separação!

– Louvai o nome do Senhor no trabalho e no lazer, nas preocupações e nas incertezas; louvai-o com danças, pandeiros e cítaras,

– porque o Senhor ama seu povo e estende suas mãos para acolher e defender o pobre e o oprimido!

– O Senhor aumenta o vigor de seu povo e o faz forte na esperança de conquistar, em nossos dias, a terra prometida.

– Bendito seja o Senhor e benditos sejam os que nele confiam.

– O Senhor sabe contemplar o oprimido e escravizado, pois os gananciosos os fizeram escravos e, em nada, importaram-se com a justiça e a dignidade.

– Sejam benditos os homens e as mulheres que sabem amar, servir e repartir o pão e a vida!

– Glória ao Pai, ao Filho e ao Espírito Santo.

– Como era no princípio, agora e sempre. Amém.

4. Lição da Bíblia *(Mt 5,1-12)*

Anúncio do Evangelho de Jesus Cristo segundo Mateus.

Vendo a multidão, Jesus subiu à montanha. Sentou-

-se, e seus discípulos aproximaram-se dele. Começou então a falar e os ensinava assim: "Felizes os pobres em espírito, porque é deles o Reino dos Céus. Felizes os que choram, porque Deus os consolará. Felizes os não violentos, porque receberão a terra como herança. Felizes os que têm fome e sede de justiça, porque Deus os saciará. Felizes os misericordiosos, porque conseguirão misericórdia. Felizes os de coração puro, porque verão a Deus. Felizes os que promovem a paz, porque Deus os terá como filhos. Felizes os que são perseguidos por agirem retamente, porque deles é o Reino dos Céus. Felizes sereis vós, quando os outros vos insultarem, perseguirem e disserem contra vós toda espécie de calúnias por causa de mim. Alegrai-vos e exultai, porque recebereis uma grande recompensa no céu. Pois foi assim que eles perseguiram os profetas que vos precederam!"

– Palavra da Salvação!

(Após proclamação da Palavra, pode-se cantar um cântico à escolha)

5. Iluminação

As bem-aventuranças são a Catequese, a programação de vida, a constituição do novo povo de Deus. É a nova Aliança. Assim como Moisés recebeu no monte Sinai as tábuas da Lei, agora, no alto da montanha, é o próprio Jesus que promulga a nova Lei. Jesus se dirige a todos os que o escutam, à multidão, pois ali está o povo de Deus. Essa Comunidade deve ser o novo fermento da nova humanidade proposta por Jesus.

6. Contemplação

O que a Palavra diz a nossa realidade de vida pessoal, social e comunitária?

(Procurem permanecer em silêncio um bom tempo, para que cada um possa meditar a Palavra de Deus ouvida)

7. O que diz o texto bíblico para mim?

(As pessoas poderão se manifestar no grupo)

a) O que nos ensina a Catequese das bem-aventuranças, proclamada por Jesus?

b) Como podemos ser fermento da nova humanidade proposta por Jesus em nossos dias?

8. Suplicando ao Senhor

– O Senhor venha em nosso auxílio com seu amor infinito e nos faça alcançar sua graça e misericórdia. Rezemos confiantes.

1. ILUMINAI vossa Igreja e fortalecei-a na missão de anunciar a verdade de Cristo ao mundo.

– Senhor, Deus da vida, escutai-nos!

2. TORNAI fecundas a fé e ação apostólica de nossa Comunidade, para que assim alcance a paz.

3. CONFIRMAI os evangelizadores de nosso tempo de agora, em vossa graça e misericórdia.

4. FAZEI-NOS viver com alegria nossa fé, testemunhando vosso amor e vossa bondade.

(Outras intenções)

– **Pai Nosso, que estais no céu...**

9. Ação/ Propósito

Como vamos viver a Palavra?

Procuraremos viver com intensidade o Evangelho, unidos na Comunidade e na prática do bem, da caridade, da justiça e da solidariedade. Desse modo, esperamos ser verdadeiramente o novo povo de Deus, como Jesus nos ensinou no alto da montanha. Viver as bem-aventuranças é tornar-se apóstolo de Jesus, pois elas são a constituição do cristão autêntico. Com sua graça o Senhor nos ajudará a cumprir nosso propósito.

10. Invocação mariana e bênção

– Maria, vós sois a bem-aventurada, pois sois a Mãe de Jesus, nova e eterna Aliança do Pai conosco. Sois bem-aventurada da humildade, da simplicidade e fostes obediente ao Senhor. Por isso, nós vos saudamos:

– Salve, Rainha, Mãe de misericórdia, vida, doçura, esperança nossa, salve...

– O Senhor, por intercessão de Maria, a Mãe de Jesus, derrame sobre nós sua bênção:

– Em nome do Pai † e do Filho e do Espírito Santo. Amém.

– Fortalecidos pelo Evangelho de Cristo e na certeza de seu amor para conosco, continuemos unidos e vamos todos em paz.

– Graças a Deus.

11. Cântico *(à escolha)*

Encontro (julho)

Os profetas chamados por Deus para uma missão!

(Sobre a mesa ou lugar apropriado colocar a Bíblia e a vela acesa. Deixar a Bíblia aberta em um dos profetas, escrever o nome de cada um deles em um pedaço de papel e espalhá--lo sobre a mesa. Recordar alguém que tenha alguma atitude profética no mundo de hoje!)

1. Cântico *(à escolha)*

2. Na presença do Senhor

– Em nome do Pai † e do Filho e do Espírito Santo.

– Amém!

– Enviai, Senhor, vosso Espírito e da terra toda a face renovai.

– Transformai, por vosso amor, nosso coração, e alcancemos vossa paz!

– Infundi em nós vossa luz, para que, neste momento importante de nosso encontro, vossa Palavra faça de nós sua morada.

– Fazei-nos, ó Senhor, fiéis colaboradores de vosso Reino!

– Vosso Espírito Santo nos indique sem cessar quais devem ser nossas palavras, atitudes e nossos gestos,

– pois queremos, em cada dia, construir a vida. Amém. Assim seja!

3. Nosso louvor ao Deus da vida

– Demos graças ao Senhor, nosso Deus, porque Ele é bom e sem-fim seu amor.

– Ao Deus de eterna misericórdia nosso amor, nosso louvor!

– Os que temem o Senhor encontram nele seu abrigo e sua proteção.

– Cantem os louvores do Senhor todos os que encontram nele seu refúgio e proteção!

– Ó Senhor, vós estais conosco, e buscamos em vós nosso abrigo. Junto de vós não há o que temer, pois sois o Deus de amor sem-fim.

– Bendito seja o Senhor, que está sempre a nosso lado, e jamais nos deixa ao léu!

– Ressoem, por toda a terra, clamores de alegria, de vitória e de conquista da vida e da paz,

– pois o Senhor é nossa força e, entre nós, realiza maravilhas. Bendito seja o Senhor.

– Glória ao Pai, ao Filho e ao Espírito Santo.

– Como era no princípio, agora e sempre. Amém.

4. Lição da Bíblia *(Is 6,1-8)*

Leitura do livro do profeta Isaías.

No ano em que morreu o rei Ozias, eu vi Javé assentado em um trono grandioso e muito elevado e a orla de seu manto enchia o templo. Serafins estavam sobre ele, tendo cada qual seis asas: duas para lhes cobrir a face, duas para lhes cobrir os pés e duas para voar. Eles clamavam um para o outro: "Santo, santo, santo, Javé dos exércitos; a terra inteira está cheia de sua glória!" Os umbrais das portas tremeram com a voz de seus clamores e a casa se encheu de fumaça. E eu disse: "Ai de mim, estou arruinado! Pois sou um homem de lábios impuros e moro no meio de um povo de lábios impuros; mas meus olhos viram o rei, Javé dos exércitos". Então voou até mim um dos serafins, trazendo na mão uma brasa que tinha tirado do altar com uma tenaz. Tocou com ela minha boca e disse: "Agora que isto tocou teus lábios, tua culpa foi tirada e teu pecado foi perdoado". E eu ouvi a voz de Javé que dizia: "Quem enviarei? Quem irá por nós?" E eu respondi: "Eis-me aqui, enviai-me!"

– Palavra do Senhor!

(Após proclamação da Palavra, pode-se cantar um cântico à escolha)

5. Iluminação

Em uma linguagem cheia de símbolos, o profeta nos fala de sua experiência de Deus. Seu jeito de nos falar nos faz vislumbrar o mistério divino. A plenitude da vida nos toma por inteiro, e aí está o grande mistério: como podemos ser amados tanto assim, por um Deus? O profeta sente sua pequenez, tem suas inseguranças. Nós somos assim também. Mas ele confiou em Deus plenamente, e é o que devemos também fazer e ser.

6. Contemplação

O que a Palavra diz a nossa realidade de vida pessoal, social e comunitária?

(Procurem permanecer em silêncio um bom tempo, para que cada um possa meditar a Palavra de Deus ouvida)

7. O que diz o texto bíblico para mim?

(As pessoas poderão se manifestar no grupo)

a) Quais são os sinais de Deus em nosso tempo? Como compreendemos os fatos e acontecimentos?

b) Quais os sinais de Deus que percebemos nas pessoas e nos acontecimentos de nossa comunidade?

8. Suplicando ao Senhor

– Como pessoas amadas por Deus, vamos fazer nossas súplicas. O Deus, que nos ama, está sempre disposto a nos ouvir e acolher.

1. CONFORTAI vossa Igreja nas horas difíceis e confirmai sua ação no mundo e no anúncio do Evangelho.

– Deus, nosso Pai, ouvi-nos!

2. TORNAI nossa Comunidade muito viva na fé e na prática do bem e da caridade.

3. CONCEDEI a paz ao mundo inteiro, e todos os povos e todas as nações possam viver na harmonia.

4. GUIAI nossa vida conforme vossos desígnios e sustentai-nos no caminho de vosso Reino.

(Outras intenções)

– **Pai Nosso, que estais no céu...**

9. Ação/ Propósito

Como vamos viver a Palavra?

Assim como os profetas foram chamados por Deus, nós também, pelo batismo, fomos chamados a viver a mesma missão de Jesus. Por isso, conscientes de nosso batismo, faremos o esforço necessário para anunciar, com a vida e a palavra, o Evangelho de Cristo, a caridade e a justiça do Reino.

10. Invocação mariana e bênção

– Maria, vós nos inspirais com vossa ternura e bondade, com vossa humildade e simplicidade. Ajudai-nos a sermos bem do jeito da Senhora e, assim, ficarmos bem perto de Jesus. Com amor, nós vos saudamos:

– Salve, Rainha, Mãe de misericórdia, vida, doçura, esperança nossa, salve...

– O Senhor, por intercessão de Maria, a Mãe de Jesus, derrame sobre nós sua bênção:

– Em nome do Pai † e do Filho e do Espírito Santo. Amém.

– Reconhecemos que o mundo precisa de profecias de esperança, de luz e de paz. Deus espera que sejamos profetas autênticos de seu Reino. Vamos em paz, com Deus e Nossa Senhora.

– Graças a Deus.

11. Cântico *(à escolha)*

Encontro (agosto)

Deus nos chama para caminhar com Ele. A vocação de Abraão!

(Bíblia e vela acesa sobre a mesinha ou outro lugar apropriado. Colocar a imagem de Nossa Senhora e de Jesus – talvez um quadro do Sagrado Coração de Jesus – pois Deus iniciou a formação de seu povo com Abraão e culminou em Jesus, com o novo povo do Senhor!)

1. Cântico *(à escolha)*

2. Na presença do Senhor

– Em nome do Pai † e do Filho e do Espírito Santo.

– Amém!

– Enviai-nos, Senhor, vosso Espírito Santo e renovai nossa vida em vossa bondade e amor infinitos.

– Firmai nossos passos no caminho de vosso Reino!

– Infundi em nós a luz de vossa eternidade, carregada de bondade, misericórdia e ternura, para que nosso coração seja generoso,

– como foi o de Abraão que ouviu vossa Palavra e a seguiu fielmente!

– Conservai-nos sempre muito unidos e dai-nos a graça de nos enriquecer ainda mais com vossa Palavra.

– Amém. Assim seja!

3. Nosso louvor ao Deus da vida

– Louvemos o Senhor, que estendeu seu braço forte sobre nós e nos libertou das amarras da escravidão e das garras do opressor.

– Ele ouviu a angústia de seu povo, libertou-o

– e o conduziu para uma terra bem plana, onde correm leite e mel. Deus conduziu seu povo para a liberdade,

– e, desde então, desde Abraão, esse mesmo povo foi amado pelo Senhor!

– Bendito seja o Senhor, que visitou seu povo com amor sem-fim. Bendito seja o Senhor, que se fez um por amor, junto de seu povo.

– A humanidade inteira um dia vai louvar-vos e bendizer-vos, ó Senhor, nosso Deus.

– Grande é o Senhor. Ele merece nosso louvor. A Ele toda honra e toda a glória, agora e pelos séculos sem-fim.

– Hosanas e hosanas ao Deus, que formou seu povo, a partir de Abraão!

– Glória ao Pai, ao Filho e ao Espírito Santo.

– Como era no princípio, agora e sempre. Amém.

4. Lição da Bíblia *(Gn 12,1-4)*

Leitura do livro do Gênesis.

O Senhor disse a Abrão: "Sai de tua terra, de tua família e da casa de teu pai e vai para a terra que te mostrarei. Farei de ti uma grande nação e te abençoarei; engrandecerei teu nome e tu serás uma bênção. Abençoarei os que te abençoarem e amaldiçoarei os que te amaldiçoarem. Em ti serão abençoadas todas as famílias da terra". Abrão partiu, como Javé lhe disse.

– Palavra do Senhor!

(Após proclamação da Palavra, pode-se cantar um cântico à escolha)

5. Iluminação

Obedecer a nosso Senhor é o que devemos fazer todos os dias. Abraão nos dá o grande exemplo de quem escuta atentamente o que diz o Senhor. Assim também foi Maria. Deus nos chama para estar com Ele, por isso caminha bem junto da Igreja, da Comunidade e de cada um de nós. Caminhar com Deus é ser obediente a Ele, fazendo o esforço necessário para viver o Evangelho de Cristo. Eis a obediência que Ele espera de nós.

6. Contemplação

O que a Palavra diz a nossa realidade de vida pessoal, social e comunitária?

(Procurem permanecer em silêncio um bom tempo, para que cada um possa meditar a Palavra de Deus ouvida)

7. O que diz o texto bíblico para mim?

(As pessoas poderão se manifestar no grupo)

a) Como eu estou obedecendo a Deus em minha vida? Ele ocupa em mim o primeiro lugar?

b) Tenho manifestado interesse por minha Comunidade, ajudando-a na escuta da Palavra?

8. Suplicando ao Senhor

– Ao Deus de eterno amor, elevemos nossos rogos, pois o Senhor, em sua bondade, acolhe-nos e nos anima.

1. GUIAI e sustentai vosso povo no caminho do bem, da concórdia e da paz.

– Socorrei-nos, Senhor, e dai-nos vossa paz!

2. FORTALECEI nossas Comunidades na esperança, na partilha e no anúncio do Evangelho.

3. AJUDAI-NOS a sermos sempre fiéis a vossa Aliança, servindo-vos nos mais pobres que nós.

4. DISSIPAI as trevas da injustiça, da corrupção e de toda violência no mundo.

(Outras intenções)

– **Pai Nosso, que estais no céu...**

9. Ação/ Propósito

Como vamos viver a Palavra?

Abraão ouviu o chamado de Deus e seguiu fielmente o que lhe dissera o Senhor. Maria pôs-se inteiramente nas mãos do Pai, cumprindo sua vontade. Jesus fez tudo o que o Pai lhe pediu. De nossa parte faremos o esforço possível para seguir bem de perto o Cristo, vivendo vida de comunidade e de fraternidade.

10. Invocação mariana e bênção

– Maria, vós, como Abraão, cumpristes com fidelidade a vontade divina. Ajudai-nos a reconhecer a vontade de Deus sobre nós e cumpri-la fielmente. Com amor, nós vos saudamos:

– Salve, Rainha, Mãe de misericórdia, vida, doçura, esperança nossa, salve...

– O Senhor, por intercessão de Maria, a Mãe de Jesus, derrame sobre nós sua bênção:

– Em nome do Pai † e do Filho e do Espírito Santo. Amém.

– Demos graças ao Senhor, nosso Deus, e, fortalecidos em sua Palavra, vamos todos em paz.

– Graças a Deus.

11. **Cântico** *(à escolha)*

Encontro (setembro)
A Palavra revela-nos a obra de Deus!

(Sugere-se preparar um lugar, uma mesinha, por exemplo, onde possa se colocar a Bíblia que contém a Palavra de Deus, uma vela acesa, uma rosa ou uma flor. Use também sua criatividade, desde que venha ao encontro da celebração que se realiza!)

1. Cântico *(à escolha)*

2. Na presença do Senhor

– Em nome do Pai † e do Filho e do Espírito Santo.

– Amém!

– Senhor, enviai-nos vosso Espírito Santo e iluminai-nos com seu amor,

– e saibamos enxergar vossa vontade aqui e agora!

– Conduzi nossa vida conforme vosso desejo divino, pois nada há de mais sublime

– do que escutar vossa voz e seguir vossos desígnios.

– Vinde, Senhor, e fazei-nos novas criaturas, transformadas por vosso amor e bondade infinitos.

– Amém. Assim seja!

3. Nosso louvor ao Deus da vida

– Celebremos o Deus da vida que, por iniciativa de seu amor, criou o céu e a terra, o homem e a mulher e tudo o que existe.

– Ao Deus, que, do nada, fez todas as coisas, nosso louvor, nosso amor!

– Céus e terras entoem louvores e ressoem, por todo o universo, os alaridos da paz e da gratidão,

– que brotam do coração dos que esperam no Senhor e o bendizem com amor!

– Louvemos o Senhor pelo sol, pela lua, pelas estrelas e por todos os planetas e todas as galáxias,

– pois tudo o que existe nasceu das mãos de Deus.

– Nada existe ou existirá sem o toque de suas mãos divinas, carregadas de amor. Bendito seja o Senhor,

– que fez o céu e a terra,

– o homem e a mulher com uma dignidade humana e divina

– pois os criou a sua imagem e semelhança!

– Glória ao Pai, ao Filho e ao Espírito Santo.

– Como era no princípio, agora e sempre. Amém.

4. Lição da Bíblia *(Jo 1,1-14)*

Anúncio do Evangelho de Jesus Cristo segundo João.

No princípio existia o Verbo, e o Verbo estava junto de Deus, e o Verbo era Deus. No princípio ele estava junto de Deus. Tudo foi feito por meio dele, e sem ele nada do que existe foi feito. Nele estava a vida, e a vida era a luz dos homens. A luz brilha nas trevas, mas as trevas não a acolheram. Apareceu um homem enviado por Deus: seu nome era João. Ele veio como testemunha, para dar testemunho da luz, para que, por meio dele, todos viessem a crer. Ele não era a luz, mas devia dar testemunho da luz. O Verbo, a luz verdadeira, que ilumina todo homem, estava para vir ao mundo. Ele estava no mundo, e o mundo foi feito por ele, mas o mundo não o reconheceu. Veio para junto dos seus, mas os seus não o acolheram. A todos, porém, que o acolheram, ele deu o poder de se tornarem filhos de Deus, isto é, àqueles que creem em seu nome. Estes não nasceram do sangue, nem da vontade da carne nem da vontade do homem, mas nasceram de Deus. E o Verbo se fez carne e veio morar no meio de nós. E contemplamos sua glória, a glória que recebe do Pai como Filho único, cheio de graça e de verdade.

– Palavra da Salvação!

(Após proclamação da Palavra, pode-se cantar um cântico à escolha)

5. Iluminação

Deus criou o mundo com e por amor e o colocou em nossas mãos. O destino do mundo está em nossas mãos; por isso ele pode ser "amado", se nós o construirmos, ou "odiado", se nós o destruirmos com nossas ganâncias e indiferenças. Cuidemos de tudo o que foi feito por Deus, desde o átomo até os mais distantes planetas e galáxias. De nosso cuidado para com o mundo depende nosso próprio futuro.

6. Contemplação

O que a Palavra diz a nossa realidade de vida pessoal, social e comunitária?

(Procurem permanecer em silêncio um bom tempo, para que cada um possa meditar a Palavra de Deus ouvida)

7. O que diz o texto bíblico para mim?

(As pessoas poderão se manifestar no grupo)

a) Por que cuidar da natureza é cuidar da própria vida e respeitar o que Deus criou?

b) Por que há, às vezes, indiferença para com o ser humano e para com a natureza?

8. Suplicando ao Senhor

– Nosso Deus nos ama eternamente. Apresentemos a Ele nossos rogos, para que, em seu amor, nos dê a graça da vida e da paz.

1. ILUMINAI vossa Igreja, para que seja fiel em sua missão e sinal transparente de vosso Reino.

– Fortalecei-nos, Senhor, em vosso amor e vossa paz!

2. TRANSBORDAI nossa Comunidade de vida e de gestos sinceros de caridade e de solidariedade.

3. FORTALECEI as atitudes e os dons de todos os que se dedicam à defesa da vida e da natureza.

4. TOCAI em nossa consciência, para que sejamos defensores destemidos da vida e da natureza criada.

(Outras intenções)

– Pai Nosso, que estais no céu...

9. Ação/ Propósito

Como vamos viver a Palavra?

Por amor a Deus e às pessoas, vamos cuidar da natureza, começando por nossa própria casa. Depois, vamos labutar para que ela seja respeitada em nosso bairro, comunidade, sociedade. Tudo o que a natureza nos dá é para nosso bem, por isso vamos defendê-la e promovê-la.

10. Invocação mariana e bênção

– Maria, sois a flor mais frondosa, a mais bela criatura, que já existiu, e estais junto de nós. Obrigado, Mãe querida, Mãe do mais Belo Amor, Jesus. Nós vos saudamos agradecidos por vosso amor maternal.

– Salve, Rainha, Mãe de misericórdia, vida, doçura, esperança nossa, salve...

– O Senhor, por intercessão de Maria, a Mãe de Jesus, derrame sobre nós sua bênção:

– Em nome do Pai † e do Filho e do Espírito Santo. Amém.

– Com o coração feliz por termos conversado sobre as coisas de Deus, vamos todos em paz.

– Graças a Deus.

11. Cântico *(à escolha)*

Encontro (outubro)
Deus escuta o clamor de seu povo!

(Sobre a mesa ou lugar apropriado, colocar a Bíblia, a vela acesa, recortes de jornais ou revistas com as notícias, principalmente, as que atingem a vida do povo. Rezar hoje a realidade do povo sofredor e escravizado!)

1. Cântico *(à escolha)*

2. Na presença do Senhor

– Em nome do Pai † e do Filho e do Espírito Santo.

– Amém!

– Diante de vossa presença, Senhor, nós nos colocamos inteiramente. Estamos dispostos a ouvir vossa Palavra

– e guardar vosso ensinamento em nosso coração!

– Guiai-nos pelos caminhos da vida e da história, ajudai-nos a descobrir nos sinais dos tempos vossa vontade

– e fazei-nos cumpri-la com gratidão!

– Enviai, Senhor, vosso Espírito Santo, renovai nossa existência, e, assim, tenhamos mais paz e bondade em nosso coração.

– Amém. Assim seja!

3. Nosso louvor ao Deus da vida

– Bendito seja o Senhor, que se aproxima de nós como um amigo e nos oferece sua bondade.

– Ao Deus de Jesus nosso louvor e gratidão, pois nos amou com eterno amor!

– Ó Deus, vós sois a luz de nossa vida, sois o esplendor do amanhecer e a beleza do entardecer. Quando chegar o dia

– de penetrar a eternidade sem-fim, nós vos louvaremos com amor e alegria!

– Ao Deus, que é nossa luz e salvação, o caminho da paz e da libertação,

– nosso louvor agora e pelos séculos sem-fim!

– Ele é nosso refúgio, nosso abrigo e consolação. É incomparável o que passa no coração ao estar perto do Senhor.

– Sede bendito, Senhor, nosso Deus, e guiai nossos passos no caminho de vosso amor!

– Glória ao Pai, ao Filho e ao Espírito Santo.

– Como era no princípio, agora e sempre. Amém.

4. Lição da Bíblia *(Êx 3,1-8b)*

Leitura do livro do Êxodo.

Moisés era pastor do rebanho de Jetro, seu sogro, sacerdote de Madiã. Um dia, levou o rebanho deserto adentro e chegou ao Horeb, a montanha de Deus. Ali, apareceu-lhe o anjo de Javé numa chama de fogo, do meio de uma sarça. Ele olhava: a sarça ardia sem se consumir. Moisés pensou: "Vou dar uma volta para ver este grande espetáculo: como é que a sarça não se consome". Vendo Javé que Moisés se voltava para observar, chamou-o do meio da sarça, dizendo: "Moisés, Moisés!" Respondeu ele: "Eis-me aqui". Deus lhe disse: "Não te aproximes daqui! Tira as sandálias dos pés, porque o lugar onde estás é uma terra santa". E acrescentou: "Eu sou o Deus de teu pai: o Deus de Abraão, o Deus de Isaac e o Deus de Jacó". Moisés cobriu o rosto, temendo olhar para Deus. Javé disse ainda: "Eu vi, eu vi a miséria de meu povo no Egito e ouvi o clamor que lhe arrancam seus opressores; sim, conheço suas aflições. Desci para libertá-lo das mãos dos egípcios e levá-lo daquela terra para uma terra boa e espaçosa, terra onde corre leite e mel.

– Palavra do Senhor!

(Após proclamação da Palavra, pode-se cantar um cântico à escolha)

5. Iluminação

Deus aproximou-se de nós para nos libertar. Ele fez conosco uma Aliança de amor, para que tivéssemos a vida. Por isso, Deus, que vê a miséria de seu povo e não suporta a opressão: "ouvi o clamor que lhe arrancam seus opressores", envia Moisés para que seja sinal de sua Aliança com aquele povo sofredor. A fé autêntica compromete-se com a vida, com a dignidade das pessoas. Sendo assim, temos de olhar com profundidade a realidade em que vivemos para detectar onde estão a miséria, a opressão e o abandono.

6. Contemplação

O que a Palavra diz a nossa realidade de vida pessoal, social e comunitária?

(Procurem permanecer em silêncio um bom tempo, para que cada um possa meditar a Palavra de Deus ouvida)

7. O que diz o texto bíblico para mim?

(As pessoas poderão se manifestar no grupo)

a) Há situações opressoras ou injustas em nosso bairro (cidade, comunidade, lugar)?

b) O que podemos fazer para alcançar a verdadeira liberdade e a paz para todos?

8. Suplicando ao Senhor

– Unidos na fé e na certeza da misericórdia do Senhor por nós, vamos fazer nossas súplicas cheios de confiança.

1. GUARDAI a Igreja e animai-a com vosso Espírito, para que ela seja anunciadora e libertadora dos oprimidos.

– Senhor Deus de misericórdia, salvai-nos!

2. FORTALECEI nossa Comunidade, na esperança, e nossas famílias, na força da união e da paz.

3. CONDUZI com firmeza nossos passos no caminho de vosso Reino.

4. OLHAI com bondade para as crianças e os jovens, para os doentes e idosos e confortai-os com vosso amor.

(Outras intenções)

– **Pai Nosso, que estais no céu...**

9. Ação/ Propósito

Como vamos viver a Palavra?

Procuraremos abrir bem nossos olhos para a realidade que nos cerca e ver o que nos oprime e nos fere na dignidade filial. Depois, unidos, faremos o possível para ajudar e seremos solidários com os que andam oprimidos, escravizados e precisam de ajuda para vencer suas dificuldades.

10. Invocação mariana e bênção

– Maria, vós que sois a Mãe do Libertador e nossa Mãe misericordiosa, dai-nos vossa força materna para vivermos com alegria o Evangelho de Cristo, para, assim, alcançarmos a vida e a libertação sempre. Por isso, nós vos saudamos:

– Salve, Rainha, Mãe de misericórdia, vida, doçura, esperança nossa, salve...

– O Senhor, por intercessão de Maria, a Mãe de Jesus, derrame sobre nós sua bênção:

– Em nome do Pai † e do Filho e do Espírito Santo. Amém.

– Quantos ensinamentos bons e bonitos aprendemos da Palavra do Senhor e levamos no coração! Por isso, vamos todos em paz.

– Graças a Deus.

11. Cântico *(à escolha)*

Encontro (novembro)
Somos Igreja peregrina!

(Sobre a mesa ou lugar apropriado, colocar a Bíblia e a vela acesa. Dar-se, mutuamente, o abraço da paz no início do encontro, acolhendo uns aos outros e, ao mesmo tempo, lembrando que a Igreja precisa ser acolhedora sempre!)

1. Cântico *(à escolha)*

2. Na presença do Senhor

– Em nome do Pai † e do Filho e do Espírito Santo.

– Amém!

– Vinde, Espírito Santo de amor, iluminai-nos com vossa luz santificadora,

– transformadora, e dai vosso alento a nossa vida!

– Vinde, Espírito Santificador e Vivificador, enchei nosso coração com vossas maravilhas e fazei-nos vislumbrar,

– em cada dia, a certeza de vosso amor transformador e santificador!

– Vinde, Espírito de bondade infinita, e ficai entre nós, para que possamos meditar a Palavra, inspirados por vós, que sois o Advogado do Pai.

– Amém. Assim seja!

3. Nosso louvor ao Deus da vida

– Louvem o Senhor Deus todas as criaturas do céu e da terra, dos mares e dos profundos abismos.

– Louvem o Senhor homens e mulheres, jovens e anciãos, crianças e adultos da terra.

– Louvemos o Senhor nas pessoas de bem, que praticam a caridade, defendem a justiça,

– estão ao lado da vida e a promovem!

– Louvemos o Senhor no firmamento de seu poder e em nossa Comunidade, que se reúne em torno de sua Palavra.

– Louvemos o Senhor com os instrumentos do amor e do perdão, da justiça e da misericórdia!

– Louvemos o Senhor todos nós, que agora nos reunimos na fé e vamos escutar, celebrar e viver sua Palavra.

– Bendito seja o Senhor, nosso Deus, agora e pelos séculos sem-fim!

– Glória ao Pai, ao Filho e ao Espírito Santo.

– Como era no princípio, agora e sempre. Amém.

4. Lição da Bíblia *(Mt 18,18-20)*

Anúncio do Evangelho de Jesus Cristo segundo Mateus.

Na verdade vos digo: tudo o que ligardes na terra será ligado no céu; e tudo o que desligardes na terra será desligado no céu. Também vos digo: se dois dentre vós, na terra, pedirem juntos qualquer coisa que seja, esta lhes será concedida por meu Pai, que está nos céus. Porque, onde dois ou três estão reunidos em meu nome, ali estou eu no meio deles.

– Palavra da Salvação!

(Após proclamação da Palavra, pode-se cantar um cântico à escolha)

5. Iluminação

A promessa de Jesus é transbordante de amor: "Onde dois ou três estiverem reunidos em meu nome, ali estou eu no meio deles". Quando nos reunimos verdadeiramente no nome de Cristo, realiza-se a reconciliação, e a paz se faz presente intensamente. Ser Igreja é buscar a unidade e a paz. Peregrinamos com a Igreja indo ao encontro das pessoas e de tanta gente que está "ferida, machucada" à beira da estrada.

6. Contemplação

O que a Palavra diz a nossa realidade de vida pessoal, social e comunitária?

(Procurem permanecer em silêncio um bom tempo, para que cada um possa meditar a Palavra de Deus ouvida)

7. O que diz o texto bíblico para mim?

(As pessoas poderão se manifestar no grupo)

a) Por que é importante ser Igreja hoje, mesmo diante de tanto progresso técnico-científico?

b) O que podemos fazer em nossa comunidade para sermos uma Igreja viva e transformadora?

8. Suplicando ao Senhor

– Deus, em sua bondade infinita, escuta amorosamente os que a Ele se dirigem humildemente. Façamos, pois, nossas preces.

1. CONFIRMAI vosso povo na vivência do Evangelho, na vida fraterna e na prática da caridade e da justiça.

– Ó Deus de bondade, escutai nosso clamor!

2. INSPIRAI as Comunidades cristãs na escuta de vossa Palavra e no testemunho da fé e da união.

3. DAI-NOS um coração sempre disposto a vos acolher com sinceridade, nos irmãos sofredores.

4. FAZEI-NOS ser uma Igreja comprometida, participativa e muito presente na realidade do mundo.

(Outras intenções)

– Pai nosso, que estais no céu...

9. Ação/ Propósito

Como vamos viver a Palavra?

A Igreja é sacramento do Reino, ou seja, é sinal da presença de Cristo entre nós e em todas as coisas que Ele nos ensinou. Nós somos a Igreja, por isso tudo o que fizermos com amor e santidade tornará presente o Reino. Cristo espera que sejamos, de fato, seus colaboradores fiéis. Por isso, faremos nossa parte, esforçando-nos para amadurecermos na fé e sermos sinais vivos do Reino no mundo.

10. Invocação mariana e bênção

– Maria, sois a Mãe da Igreja, do povo que caminha sob a luz de Cristo, vosso Filho e Senhor nosso. Guiai-nos no caminho do Evangelho e fazei-nos santos. Com amor e gratidão, nós vos saudamos:

– Salve, Rainha, Mãe de misericórdia, vida, doçura, esperança nossa, salve...

– O Senhor, por intercessão de Maria, a Mãe de Jesus, derrame sobre nós sua bênção:

– Em nome do Pai † e do Filho e do Espírito Santo. Amém.

– Com o coração agradecido por tantas bênçãos e graças, continuemos unidos em Cristo. E abençoados por nosso Senhor, vamos em paz.

– Graças a Deus.

11. Cântico *(à escolha)*

Encontro (dezembro)
Jesus, aliança eterna de amor do Pai!

(Repetir os mesmos símbolos do encontro anterior: Bíblia, vela acesa e imagem de Nossa Senhora. Mas colocar também a imagem do Crucificado, pois Cristo selou a Aliança eterna do Pai, com sua entrega total no alto do Calvário!)

1. Cântico *(à escolha)*

2. Na presença do Senhor

– Em nome do Pai † e do Filho e do Espírito Santo.

– Amém!

– Deus nos amou eternamente, até chegar à plenitude de seu amor, dando-nos seu Filho único.

– Senhor, guiai nossa vida no caminho de Cristo, na verdade do Evangelho!

– Enviai-nos vosso Espírito Santo, pois, reunidos em Cristo, precisamos de vossa luz divina, que nos ajuda a compreender vossa Palavra.

– Vinde Espírito de Deus, iluminai nossa mente, nosso coração e fazei-nos viver no amor!

– Fazei-nos alcançar e plantar, em nossa vida, o que vossa Palavra irá nos ensinar. Vossa Palavra é vossa presença entre nós.

– Amém. Assim seja!

3. Nosso louvor ao Deus da vida

– Elevemos o coração, em prece de louvor e de gratidão, ao Deus, que nos ama com amor sem medida.

– É bom louvar o Senhor e tocar para Ele, com guitarras e violões, a suave melodia da gratidão!

– Ele se põe ao lado dos menos favorecidos. Ele está ao lado dos abandonados. Ele cura os corações humilhados. Ele sustenta os humildes

– e tira do trono os poderosos e opressores. Bendito seja, o Senhor, nosso Deus!

– O Senhor ama os que são sinceros e em nada prejudicam os outros. Ele leva em conta as atitudes carregadas de amor.

– Louvemos o Senhor com nossas palavras, atitudes e nossos gestos. Louvemos o Senhor, pois é grande seu amor e sem-fim sua bondade!

– Glória ao Pai, ao Filho e ao Espírito Santo.

– Como era no princípio, agora e sempre. Amém.

4. Lição da Bíblia *(Lc 1,26-38)*

Anúncio do Evangelho de Jesus Cristo segundo Lucas.

No sexto mês, o anjo Gabriel foi enviado por Deus a uma cidade da Galileia, chamada Nazaré, a uma virgem, noiva de um homem, de nome José, da casa de Davi; a virgem chamava-se Maria. Entrando onde ela estava, disse-lhe o anjo: "Alegra-te, ó cheia de graça, o Senhor é contigo"... Disse-lhe o anjo: "Não tenhas medo, Maria, porque Deus se mostra bondoso para contigo. Conceberás em teu seio e darás à luz um filho e lhe porás o nome de Jesus. Ele será grande e será chamado Filho do Altíssimo. O Senhor Deus lhe dará o trono de Davi, seu pai, e ele reinará para sempre na casa de Jacó. E seu reino não terá fim". Maria, porém, perguntou ao anjo: "Como será isso, se eu não vivo com um homem?" Respondeu-lhe o anjo: "O Espírito Santo descerá sobre ti e a força do Altíssimo te cobrirá com sua sombra. Por isso, o Santo que vai nascer será chamado Filho de Deus... Disse então Maria: "Eis aqui a serva do Senhor, faça-se em mim segundo tua palavra". E o anjo retirou-se de sua presença.

– Palavra da Salvação!

(Após proclamação da Palavra, pode-se cantar um cântico à escolha)

5. Iluminação

Foi possível para Deus realizar sua promessa, porque Maria foi-lhe obediente. Assim, o Pai pôde nos enviar Jesus, seu Filho, Aliança eterna de seu amor para com a humanidade inteira. Jesus assumiu nossa vida inteira, menos o pecado, e nos resgatou para o Reino do Pai. Quem é obediente a Ele, a seu ensinamento, vive na Aliança do Pai, em Cristo, e o serve com alegria. Assim fez Maria. Assim podemos também fazer.

6. Contemplação

O que a Palavra diz a nossa realidade de vida pessoal, social e comunitária?

(Procurem permanecer em silêncio um bom tempo, para que cada um possa meditar a Palavra de Deus ouvida)

7. O que diz o texto bíblico para mim?

(As pessoas poderão se manifestar no grupo)

a) Deus fez muitas alianças com seu povo. Mas qual é a Aliança definitiva e por quê?

b) O que devemos fazer para viver na Aliança divina?

8. Suplicando ao Senhor

– Elevemos confiantes nosso coração em prece ao Senhor, Deus da vida, e nele coloquemos nossos rogos. Em seu amor, Ele nos escuta.

1. GUIAI vossa Igreja no caminho da fidelidade missionária e na coragem da profecia da esperança.

– Pai Santo, acolhei nossos rogos!

2. EDUCAI nossa comunidade na vivência da verdade de Cristo e na solidariedade fraterna.

3. TORNAI fecundas nossas atitudes cristãs e que elas sejam sempre defensoras da vida.

4. FIRMAI-NOS no Evangelho de Cristo, e, em cada dia, descubramos vossa vontade sobre nós.

(Outras intenções)

– **Pai nosso, que estais no céu...**

9. Ação/ Propósito

Como vamos viver a Palavra?

Viver a Aliança de amor, que o Pai fez conosco por meio de Jesus, é ser obediente a Ele. Obedecer ao Pai é esforçar-se para viver o Evangelho de Jesus, pois o próprio Cristo nos lembrou de que Ele diz aquilo que o Pai o manda dizer. Quando vivemos o Evangelho, alcançamos a paz, a santidade e nos tornamos Igreja viva do Senhor.

10. Invocação mariana e bênção

– Maria, volvei para nós vosso olhar materno e conservai-nos na fé e na esperança. Quando quisermos desviar do caminho de Cristo, fazei-nos retornar firmemente. Com amor e gratidão, nós vos saudamos:

– Salve, Rainha, Mãe de misericórdia, vida, doçura, esperança nossa, salve...

– O Senhor, por intercessão de Maria, a Mãe de Jesus, derrame sobre nós sua bênção:

– Em nome do Pai † e do Filho e do Espírito Santo. Amém.

– Fortalecidos pela Palavra que ouvimos e meditamos, voltemos para nossas casas mais confiantes e mais decididos no amor. Vamos em paz.

– Graças a Deus.

11. Cântico *(à escolha)*

CÂNTICOS

1. SOMOS GENTE DA ESPERANÇA

(L.: Cícero Alencar/ M.: Norival de Oliveira)

1. Somos gente de esperança/ que caminha rumo ao Pai./ Somos povo da Aliança/ que já sabe aonde vai.

De mãos dadas a caminho/ porque juntos somos mais,/ pra cantar o novo hino/ de unidade, amor e paz!

2. Para que o mundo creia/ na justiça e no amor,/ formaremos um só povo, num só Deus, um só Pastor.

3. Todo irmão é convidado/ para a festa em comum:/ celebrar a nova vida/ onde todos sejam um.

2. JUNTOS COMO IRMÃOS

(Pe. José Weber – Paulinas Comep)

Juntos, como irmãos, membros da Igreja,/ vamos caminhando, vamos caminhando, /juntos, como irmãos, ao encontro do Senhor.

1. Somos povo que caminha/ num deserto como outrora,/lado a lado, sempre unido,/ para a Terra prometida

2. Na unidade caminhemos./ Foi Jesus que nos uniu./ Nosso Deus hoje louvemos./ Seu amor nos reuniu.

3. A igreja está em marcha./ A um mundo novo vamos nós,/ onde reinará a paz,/ onde reinará o amor.

3. E TODOS REPARTIAM O PÃO

(Pe. Everaldo Peixoto – Paulinas Comep)

E todos repartiam o pão/ e não havia necessitados entre eles.

1. Nossos irmãos repartiam os seus bens,/ fraternalmente, tinham tudo em comum;/ e era grande a alegria e união,/ no dia a dia e ao partir o Pão.

2. Hoje de novo a Palavra nos reúne,/ e, com a mesma união e alegria,/ vamos, na Ceia do Senhor, "Partir o Pão",/ para depois repartir com nosso irmão.

4. VEM, VEM, VEM

(Frei Luiz Turra – Paulinas Comep)

Vem, vem, vem, Espírito Santo de amor!/ Vem a nós,/ traze à Igreja um novo vigor!

1. Presente no início do mundo,/ presente na criação,/ do nada tiraste a vida:/ que a vida não sofra no irmão!

2. Presença de força aos profetas,/ que falam sem nada temer./ Contigo sustentam o povo,/ na luta que vão empreender.

3. Presença que gera esperança,/ Maria por ti concebeu;/ no povo renasce a confiança,/ ó Espírito Santo de Deus!

4. Presença com força de vida,/ presença de transformação,/ tiraste a vida da morte,/ em Cristo, na Ressurreição!

5. Presença na Igreja nascente,/ os povos consegues reunir;/ na mesma linguagem se entendem,/ o amor faz a Igreja surgir!

5. TODA A BÍBLIA É COMUNICAÇÃO

(Pe. José Candido da Silva – Paulinas Comep)

Toda a Bíblia é comunicação/ de um Deus amor, de um Deus irmão./ É feliz quem crê na revelação,/ quem tem Deus no coração.

1. Jesus Cristo é a Palavra,/ pura imagem de Deus-Pai./ Ele é vida e verdade,/ a suprema caridade.

2. Os profetas sempre mostram/ a vontade do Senhor./ Precisamos ser profetas,/ para o mundo ser melhor.

3. Nossa fé se fundamenta/ na palavra dos Apóstolos./ João, Mateus, Marcos e Lucas/ transmitiram esta fé.

4. Vinde a nós, ó Santo Espírito;/ vinde nos iluminar./ A palavra que nos salva/ nós queremos conservar.

6. Ó PAI, SOMOS NÓS O POVO ELEITO

(Pe. José Freitas Campos)

Ó Pai, somos nós o povo eleito/ que Cristo veio reunir.

1. Pra viver da sua vida – aleluia! –,/ o Senhor nos enviou, aleluia!

2. Pra ser Igreja peregrina – aleluia! –,/ o Senhor nos enviou, aleluia!

3. Pra ser sinal de salvação – aleluia! –,/ o Senhor nos enviou, aleluia!

4. Pra anunciar o Evangelho – aleluia! –,/ o Senhor nos enviou, aleluia!

5. Pra servir na unidade – aleluia! –,/ o Senhor nos enviou, aleluia!

6. Pra celebrar a sua glória – aleluia!–,/ o Senhor nos enviou, aleluia!

7. Pra construir um mundo novo – aleluia! –,/ o Senhor nos enviou, aleluia!

8. Pra caminhar na esperança – aleluia! –,/ o Senhor nos enviou, aleluia!

7. SENHOR, SE TU ME CHAMAS

(Frei Luiz Carlos Susin – Paulinas Comep)

Senhor, se tu me chamas,/ eu quero te ouvir./ Se queres que eu te siga,/ respondo: eis-me aqui.

1. Profetas te ouviram e seguiram tua voz;/ andara mundo afora e pregaram sem temor./ Seus passos tu firmaste, sustentando seu vigor./ Profeta tu me chamas: vê, Senhor, aqui estou.

2. Nos passos de teu Filho, toda a Igreja também vai,/ seguindo teu chamado de ser santa qual Jesus./ Apóstolos e mártires se deram sem medir./ "Apóstolo me chamas: vê, Senhor, aqui estou."

3. Os séculos passaram, não passou, porém, tua voz,/ que chama ainda hoje, que convida a te seguir./ Há homens e mulheres que te amam mais que a si/ e dizem com firmeza: vê, Senhor, aqui estou.

8. QUANDO CHAMASTE

(José A Santana – Paulinas Comep)

1. Quando chamaste os doze primeiros pra te seguir,/ sei que chamavas todos os que haviam de vir.

Tua voz me fez refletir./ Deixei tudo pra te seguir:/ nos teus mares eu quero navegar.

2. Quando pediste aos doze primeiros: "Ide e ensinai!",/ sei que pedias a todos nós: "Evangelizai!"

3. Quando enviaste os doze primeiros de dois em dois,/ sei que enviavas todos os viessem depois!

9. ME CHAMASTE PARA CAMINHAR

(Alfred Mercica – Paulinas Comep)

1. Me chamaste para caminhar na vida contigo./ Deci-

di para sempre seguir-te, não voltar atrás!/ Me puseste uma brasa no peito, uma flecha na alma.../ É difícil agora viver sem lembrar-me de ti!

Te amarei, Senhor!/ Te amarei, Senhor!/ Eu só encontro a paz a alegria bem perto de ti.

2. Eu pensei, muitas vezes, calar e não dar nem resposta;/ eu pensei na fuga esconder-me, ir longe de ti./ Mas tua força venceu, e, ao final, eu fiquei seduzido: é difícil agora viver sem saudades de ti!

3. Ó Jesus, não me deixes jamais caminhar solitário,/ pois conheces a minha fraqueza e o meu coração.../ Vem, ensina-me a viver a vida na tua presença,/ no amor dos irmãos, na alegria, na paz, na união!

10. MINHA ALEGRIA

(Pe. Silvio Milanez)

Minha alegria é estar perto de Deus.

1. Porém agora estarei sempre convosco,/ porque vós me tomastes pela mão.

2. Porém agora cantarei a vossa glória,/ como um povo consagrado ao vosso amor.

11. PROCURO ABRIGO

(L.: D. Carlos A. Navarro/ M.: Waldeci Farias – Paulus)

Procuro abrigo nos corações,/ de porta em porta desejo entrar./ Se alguém me acolhe com gratidão,/ faremos juntos a refeição.

1. Eu nasci pra caminhar assim,/ dia e noite; vou até o fim./ O meu rosto o forte sol queimou,/ meu cabelo o orvalho já molhou:/ eu cumpro a ordem do meu coração.

2. Vou batendo até alguém abrir./ Não descanso, o amor

me faz seguir./ É feliz quem ouve a minha voz/ e abre a porta; eu entro bem veloz:/ eu cumpro a ordem do meu coração.

3. Junto à mesa vou sentar depois,/ e faremos refeição nós dois./ Sentirá seu coração arder,/ e essa chama eu tenho que acender:/ eu cumpro a ordem do meu coração.

4. Aqui dentro, o amor nos entretém;/ e, lá fora, o dia eterno vem./ Finalmente, nós seremos um/ e teremos tudo em comum:/ eu cumpro a ordem do meu coração.

12. A TI, MEU DEUS

(Frei Fabreti – Paulinas Comep)

1. A Ti, meu Deus, elevo meu coração,/ elevo as minhas mãos, meu olhar, minha voz./ A Ti, meu Deus, eu quero oferecer/ meus passos e meu viver, meus caminhos, meu sofrer.

A tua ternura, Senhor, vem me abraçar,/ e a tua bondade infinita me perdoar./ Vou ser o teu seguidor/ e te dar o meu coração./ Eu quero sentir o calor de tuas mãos.

2. A Ti, meu Deus, que és bom e que tens amor,/ ao pobre e ao sofredor vou servir e esperar./ Em ti, Senhor, humildes se alegrarão,/ cantando a nova canção de esperança e de paz.

13. QUANDO TEU PAI REVELOU

(L.: D. Carlos A. Navarro/ M.: Waldeci Farias – Paulus)

1. Quando teu Pai revelou o segredo a Maria,/ que, pela força do Espírito, conceberia,/ a ti, Jesus, ela não hesitou logo em responder:/ Faça-se em mim, pobre serva, o que Deus aprouver!/ Hoje imitando Maria, que é imagem da Igreja,/ nossa família outra vez te recebe e deseja,/ cheia de fé, de esperança e de amor, dizer sim a Deus:/ Eis aqui os teus servos, Senhor!

Que a graça de Deus cresça em nós sem cessar. / E de ti, nosso Pai, venha o Espírito Santo de amor,/ pra gerar e formar Cristo em nós.

2. Por um decreto do Pai ela foi escolhida/ para gerar-te, ó Senhor, que és origem da vida;/ cheia do Espírito Santo no corpo e no coração,/ foi quem melhor cooperou com a tua missão./ Na comunhão recebemos o Espírito Santo,/ e vem contigo Jesus, o teu Pai sacrossanto;/ vamos agora ajudar-te no plano da salvação:/ Eis aqui os teus servos, Senhor!

3. No coração de Maria, no olhar doce e terno,/ sempre tiveste na vida um apoio materno./ Desde Belém, Nazaré, só viveu para te servir;/ quando morrias na Cruz, tua Mãe estava ali./ Mãe amorosa da Igreja quer ser nosso auxílio,/ reproduzir no Cristão as feições de teu Filho./ Como ela fez em Caná, nos convida a te obedecer:/ Eis aqui os teus servos, Senhor!

14. AO TRONO ACORRENDO

1. Ao trono acorrendo da Virgem Maria,/ exulta o Brasil de amor e alegria.

Ave, Ave, Ave, Maria!/ Nossa Senhora Aparecida!

2. Três séculos faz, à terra Ela vinha,/ dos nossos afetos ser doce Rainha.

3. O rio Paraíba recebe o favor/ de imenso tesouro: A mãe do Senhor.

4. Nas curvas de um M, no rio brasileiro,/ Maria aparece à luz do Cruzeiro.

5. Maria, na rede de três pescadores,/ vem ser prisioneira de nossos amores.

6. E a Santa Senhora, em tosco altarzinho,/ é logo cercada de prece e carinho.

7. Na reza do terço, prodígio sem par!/ Por si se acenderam as velas no altar.

A marca FSC® é a garantia de que a madeira utilizada na fabricação do papel deste livro provém de florestas que foram gerenciadas de maneira ambientalmente correta, socialmente justa e economicamente viável.

Este livro foi composto com as famílias tipográficas Calibri e Avenir
e impresso em papel Offset 75g/m² pela **Gráfica Santuário.**